Pressing RESET
Für
Jederman

Original strength

Copyright © 2020 OS Press.

ALL RIGHTS RESERVED. This book contains material protected under International and Federal Copyright Laws and Treaties. Any unauthorized reprint or use of this material is prohibited. No part of this book may be reproduced or transmitted in any form or by any means, electronic or mechanical, including photocopying, recording, or by any information storage and retrieval system without express written permission from the author/publisher.

Translation Provided by Corinna van der Eerden

ISBN: 978-1-64184-251-8

Pressing Reset für jedermann
Original Strength

Dein Körper ist unglaublich und wunderbar gemacht. Er ist konstruiert, um Dein ganzes Leben lang stark und fähig zu sein – und das in jeder Phase Deines Lebens. Tatsächlich ist es Deine Bestimmung „nicht-zerbrechlich" zu sein bzw. Dich eben nicht leicht zu verletzen. Du wurdest dazu gemacht, das Leben und all seine Herausforderungen zu meistern.

Ja, natürlich, das Leben passiert. Unfälle passieren. Verletzungen passieren. Aber der menschliche Körper ist dazu gemacht, wieder zu heilen und sogar Verletzungen und Unfälle zu verhindern – **WENN** – und das ist die elementare Voraussetzung - er sich richtig bewegt und funktioniert. Das bedeutet, dass Du niemals durch Deine aktuelle körperliche und geistige Verfassung limitiert wirst, zumindest muss dies nicht der Fall sein! Wenn Du Dich genau so bewegst, wie Du gemacht wurdest es zu tun, kannst Du Deine Kraft, Mobilität, Geschwindigkeit und Leistungsfähigkeit wiederherstellen. Längst verlorene Mobilität kann zurückkehren. Schmerzen, die Dich seit Jahren quälen, können verschwinden. Dein Körper weiß, was er zu tun hat. Du kannst sogar Deine Fähigkeit, Dich zu fokussieren, Deine Erinnerungs-, Interpretations- und Reaktionsgeschwindigkeit wiederherstellen oder verbessern; und das alles indem Du Dich so bewegst, wie es Dein Körper und Dein Körperbau vorgeben!

Dich so zu bewegen, wie Du gestaltet wurdest macht Dich tatsächlich unzerbrechlich! Es bringt Dich wieder zu neuer Gesundheit und Vitalität. Wir nennen das Deine ursprüngliche Stärke – Original Strength. Du bist dazu gemacht, diese Stärke durch Dein gesamtes Leben hindurch zu besitzen. Diese Stärke ist es, die Dich dazu befähigt erfolgreich in Deinem Job zu sein und Dein Leben genau so zu leben, wie Du es möchtest. Diese Stärke verschafft Dir die Freiheit Dich zu bewegen und die Fähigkeit, Dein Leben in vollen Zügen zu genießen. Diese Stärke befindet sich in Dir und wird frei, wenn Du Dich so bewegst wie es Deiner Bauweise entspricht. Das ist es, was wir Pressing RESET nennen, also den RESET-Knopf drücken!

In diesem Heft werden wir Dir zeigen, wie Du für Deinen eigenen Körper den RESET-Knopf drücken kannst, wie Du Dich wieder so bewegen kannst, wie Du geschaffen wurdest es zu tun, damit Du wieder zu der Stärke zurückkehrst, die Du eigentlich besitzen solltest!

Lass uns loslegen und lernen, wie man RESET drückt!

Pressing RESET

Deine Original Strength basiert auf den drei Säule der menschlichen Bewegung. Dies sind die Säulen der Bewegung die wir täglich nutzen sollten. Wenn wir diese drei Dinge tun, drücken wir RESET und stärken unser Nervensystem. Diese drei Säulen sind:

1. **Atme tief mit Deinem Diaphragma (Bauchatmung).**
2. **Aktiviere Deinen Gleichgewichtssinn (Deine Balance und Dein sensorisches Integrationssystem).**
3. **Vollziehe kontra-laterale Bewegungsmuster (Krabbeln, Gehen, Marschieren) oder Bewegungen, bei Denen Deine Extremitäten die Körpermitte kreuzen.**

Diese drei Säulen sind in unser aller Nervensystem einprogrammiert. Tatsächlich sind sie in die unterschiedlichen Bewegungs-Entwicklungsstadien verwoben, die wir durchleben wenn wir vom Säugling über das Kleinkind zum Kind heranwachsen und die uns damals stark und unzerbrechlich gemacht haben. Der Sinn und Zweck dieser einzelnen Entwicklungsstadien ist es, unser Nervensystem und unseren Körper stark zu machen, damit wir unsere Welt erforschen und erobern können.

Diese Bewegungsmuster befinden sich auch heute noch eingebettet in unser Nervensystem. Wenn wir wieder damit anfangen, sie regelmäßig zu nutzen, werden sie das tun, was sie sollen: unser Nervensystem und unseren

Körper stärken. Wenn wir uns so bewegen wie wir es als Kinder taten, wenn wir uns erinnern wie man atmet, seinen Kopf bewegt, rollt, wippt und krabbelt, können wir unsere Original Strength wieder herstellen und unsere Körper wieder zu einem Kraftpaket zusammenschnüren, so dass wir unser Leben wieder leben können und das Leben uns nicht einfach so passiert. In anderen Worten: Wir können RESET drücken und unser Körper wird wieder stark, ausdauernd und fähig.

Es mag seltsam klingen, aber diese Entwicklungsstadien aus der Kindheit können uns tatsächlich in jedem Lebensalter und in jeder Lebensphase *"entwickeln"*. Die fünf elementaren Bewegungen, an welche wir uns wieder erinnern werden, sind:

1. **Bauchatmung.**
2. **Kontrolle der Bewegung unserer Augen und unseres Kopfes.**
3. **Auf dem Boden rollen.**
4. **Vor- und rückwärts wippen.**
5. **Krabbeln.**

Diese ganz einfachen Bewegungsmuster sind der Schlüssel, damit Du zu Deiner ursprünglichen Stärke, Deiner Original Strength zurückfinden kannst!

Pressing
RESET

RESET #1

Bauchatmung

DER URSPRUNG ALLER KRAFT

Warum?

- Du wurdest als „Bauchatmer" geboren.

- Dein Diaphragma (der wichtigste Muskel wenn es um die Atmung geht) stabilisiert Deine Wirbelsäule und es unterstützt Dich dabei, Deine Wirbelsäule zu schützen. Die richtige Bauchatmung ermöglicht es Dir, Dich gut zu bewegen.

- Die Atmung ist die "Brücke" zu Deinem autonomen Nervensystem.

  » Richtiges Atmen beruhigt Dein Nervensystem und versetzt Dich in den parasympathischen Modus (rest & digest / ruhe & verdaue).

  » Atmung die nur im Hals und der Brust stattfindet versetzt Dich in den sympathischen Modus (fight or flight / kämpfe oder flüchte).

Position #1
BAUCHATMUNG

- Liege in dieser Position.
- Positioniere Deine Zunge am Gaumen und schließe Deine Lippen.
- Atme durch Deine Nase ein und aus und ziehe die Luft dabei bis tief in Deinen Bauch.

Es ist absolut wichtig, dass Du lernst Dich auszuruhen und Deine Zunge dabei an Deinem Gaumen platziert hältst. Hier gehört sie hin. Dies unterstützt Dein Nervensystem dabei, optimal zu funktionieren.

Position #2

KROKODIL-ATMUNG

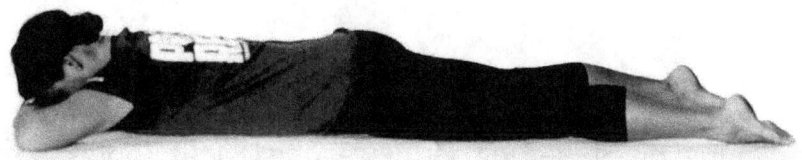

- Liege in dieser Position.
- Positioniere Deine Zunge am Gaumen und schließe Deine Lippen.
- Atme durch Deine Nase ein und aus und ziehe die Luft dabei bis tief in Deinen Bauch.

Mach nicht den Fehler die Bedeutung einer richtigen Bauchatmung zu unterschätzen. Es geht dabei nicht nur darum, Deine Lungen mit Sauerstoff zu versorgen. Es geht darum, Deine Körpermitte zu stärken. Dein Diaphragma ist der wichtigste stabilisierende Muskel Deiner Core-Muskulatur, es unterstützt Dich dabei, Deine Wirbelsäule zu schützen.

RESET #2

Kopf-Kontrolle

DIE NÄCHSTE SCHICHT DER KRAFT

Warum?

- Durch die Steuerung der Bewegung Deines Kopfes aktivierst Du Deinen Gleichgewichtssinn und verbesserst seine Funktion.
  - » Der Gleichgewichtssinn ist verantwortlich für Deine Balance und fungiert als Sammelstelle für alle sensorischen Informationen.
- Jeder Muskel in Deinem Körper ist reflexorisch mit den Bewegungen Deines Kopfes verbunden.
- Kopfkontrolle ist essenziell wichtig, um das ganze Leben hindurch gesund und stark zu sein.

Bewegung #1

CHIN TUCK

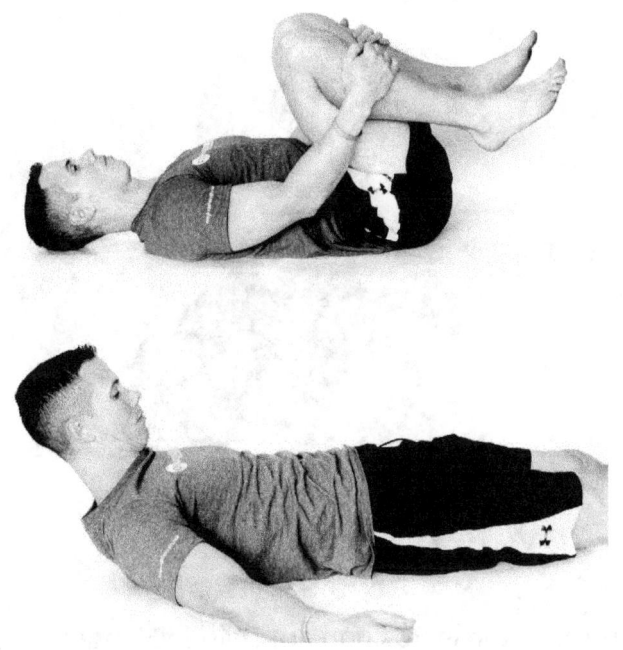

- Liege in dieser Position.
- Positioniere Deine Zunge am Gaumen und schließe Deine Lippen.
- Hebe und senke Deinen Kopf, indem Du Dein Kinn zu Deinem Hals führst und dabei Deinen Kopf vom Boden abhebst als wolltest Du durch Deine Knie gucken.
- Leite die Bewegung mit Deinen Augen ein.
- Halte dabei nicht die Luft an. Atme konstant durch die Nase weiter.

Bewegung #2

QUADRUPED HEAD NOD (HEAD NOD AUF ALLEN VIEREN)

- Komme in diese Position auf Deinen Händen und Knien.
- Positioniere Deine Zunge am Gaumen und schließe Deine Lippen.
- Führe Head Nods (Kopfnicken) aus, indem Du Deinen Kopf hebst und senkst und das in dem Radius, der SCHMERZFREI möglich ist.
- Leite die Bewegung mit Deinen Augen ein.
- Halte dabei nicht die Luft an. Atme konstant durch die Nase weiter.

Bewegung #3

QUADRUPED HEAD ROTATIONS (KOPF DREHEN AUF ALLEN VIEREN)

- Komme in diese Position auf Deinen Händen und Knien.
- Positioniere Deine Zunge am Gaumen und schließe Deine Lippen.
- Drehe Deinen Kopf nach links und nach rechts als wolltest Du in Deine Hosentaschen am Po gucken.
- Leite die Bewegung mit Deinen Augen ein.
- Lass Deinen Kopf nicht absinken – schaue über Deine Schultern.
- Halte dabei nicht die Luft an. Atme konstant durch die Nase weiter.

RESET #3

Rollen

VERBINDE DIE SCHULTERN MIT DER HÜFTE

Warum?

- Rollen aktiviert und stärkt den Gleichgewichtssinn.
- Rollen verbindet Deine Schultern mit Deinen Hüften, es verbindet und stabilisiert Deinen Rumpf.
- Rollen nährt die Wirbel der Wirbelsäule.
- Rollen ermöglicht es Dir, Dich flüssig und anstrengungsfrei zu bewegen.

Bewegung #1
DIE EGG ROLL

- Liege auf Deinem Rücken und greife Deine Schienbeine.
- Positioniere Deine Zunge am Gaumen und schließe Deine Lippen.
- Führe die Bewegung mit Deinen Augen. Schau nach rechts, rotiere Deinen Kopf nach rechts, dann rotiere mit dem ganzen Körper nach rechts. Schau weiter so weit nach rechts wie es Dir Dein Körper erlaubt.
- Dann schau nach links, rotiere Deinen Kopf nach links, dann rotiere mit dem ganzen Körper nach links. Schau weiter so weit nach links wie es Dir Dein Körper erlaubt.

Bewegung #2

DER WINDSHIELD WIPER (SCHEIBENWISCHER)

- Leg Dich auf Deinen Rücken und positioniere Deine Arme ausgebreitet auf den Boden (die Arme formen ein T).
- Beuge Deine Knie und ziehe sie zum Kinn, so dass sich Dein Schlüsselbein vom Boden löst. Deine Füße sind nun in der Luft.
- Positioniere Deine Zunge am Gaumen und schließe Deine Lippen.
- Deine Schulterblätter bleiben die ganze Zeit fest am Boden. Rotiere nun Deine Beine von Seite zu Seite.
- Achte darauf, dass Deine Knie immer zu Deinem Kinn gezogen bleiben, auch wenn Du Deine Beine von Seite zu Seite führst. Lass sie nicht absinken.

Bewegung #3

UPPER-BODY HALF ROLL – VOM BAUCH ZUM RÜCKEN

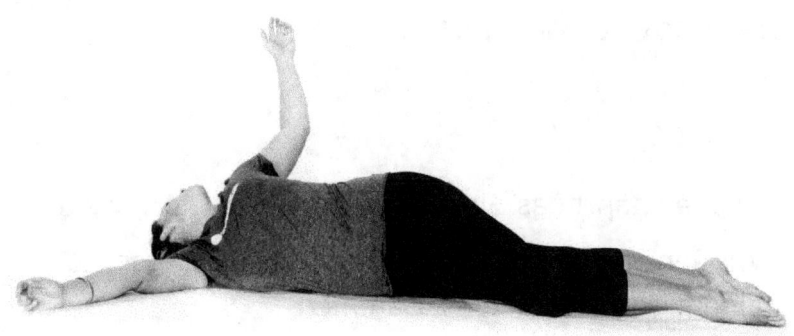

- Liege auf Deinem Bauch mit Deinen Armen über Kopf.
- Positioniere Deine Zunge am Gaumen und schließe Deine Lippen.
- Beuge Deinen rechten Ellbogen, schau ihn an und versuche nach dem Boden hinter Dir zu greifen. Versuche den Boden mit Deinem Ellbogen zu berühren.
- Dann rolle zurück auf Deinen Bauch.
- Wiederhole das Ganze mit der linken Seite.
- Deine untere Körpehälfte bleibt während der gesamten Bewegung entspannt.

RESET #4

Wippen (Rocking)

TOTAL BODY INTEGRATION

Warum?

- Wippen nährt das Gleichgewichtssystem noch weiter.
- Wippen fügt alle einzelnen Gelenke des Körpers zu einem großen Ganzen zusammen.
- Wippen koordiniert die Schultern und die Hüfte und bereitet diese auf das Krabbeln und Laufen vor.
- Wippen beruhigt das Nervensystem und auch die Emotionen.
- Wippen stellt Deine gesunde Körperhaltung wieder her.

Bewegung #1

WIPPEN AUF HÄNDEN UND KNIEN

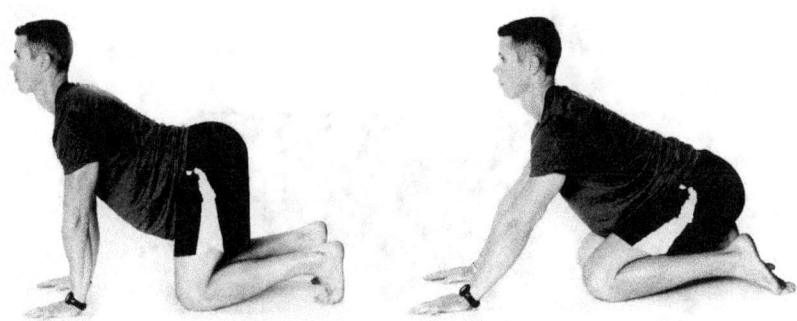

- Komme auf Deine Hände und Knie.
- Positioniere Deine Zunge am Gaumen und schließe Deine Lippen.
- Halte Deinen Kopf angehoben und fixiere Deine Augen in die Ferne.
- Mach eine stolze, breite Brust.
- Wippe vor und zurück indem Du Dein Gewicht erst über Deine Hände und dann über Deine Füße verlagerst.
- Wippe so weit zurück wie es möglich ist ohne dass Du die breite Brust verlierst.
- Halte Deinen Rücken gerade, lass ihn nicht rund werden oder einfallen.

Füße können in plantarflexion und/oder dorsiflexion positioniert werden.

Bewegung #2
COMMANDO ROCKING

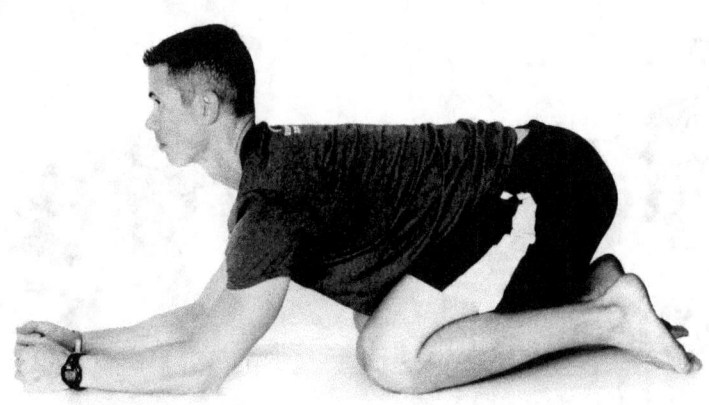

- Komme auf Deine Unterarme und Knie.
- Positioniere Deine Zunge am Gaumen und schließe Deine Lippen.
- Halte Deinen Kopf angehoben und fixiere Deine Augen in die Ferne.
- Mach eine stolze, breite Brust.
- Wippe vor und zurück, indem Du Dein Gewicht erst über Deine Hände und dann über Deine Füße verlagerst.
- Wippe so weit zurück wie es möglich ist ohne dass Du die breite Brust verlierst.
- Halte Deinen Rücken gerade, lass ihn nicht rund werden oder einfallen.

RESET #5

Krabbeln

BINDE DEIN X ZUSAMMEN

Warum?

- Krabbeln verbindet beide Gehirnhälften miteinander und macht das Gehirn dadurch gesünder und effizienter.
- Krabbeln verbindet den Körper indem es:
  » Das Nervensystem stärkt.
  » Die Reflexe stärkt und den Körper dadurch unterstützt, sich effizienter, graziler und stärker zu bewegen.
- Krabbeln koordiniert und integriert alle anderen sensorischen Systeme mit dem Gleichgewichtssinn.

Bewegung #1

ROLLSCHUHFAHRER (SPEED SKATERS)

- Gehe in den Vierfüßler-Stand, auf die Hände und Knie.
- Positioniere Deine Zunge am Gaumen und schließe Deine Lippen.
- Halte Deinen Kopf angehoben und fixiere Deine Augen in die Ferne.
- Mach eine stolze, breite Brust
- Bewege jeweils den gegenüberliegenden Arm mit dem gegenüberliegenden Bein gemeinsam in die Streckung.

Bewegung #2

KRABBELN AUF HÄNDEN UND KNIEN

- Gehe in den Vierfüßler-Stand, auf die Hände und Knie.
- Positioniere Deine Zunge am Gaumen und schließe Deine Lippen.
- Halte Deinen Kopf angehoben und fixiere Deine Augen in die Ferne.
- Mach eine stolze, breite Brust
- Bewege jeweils den gegenüberliegenden Arm mit dem gegenüberliegenden Bein gemeinsam und krabble vor- oder rückwärts.

Bewegung #3
LEOPARD-CRAWL

- Gehe in den Vierfüßler-Stand, auf die Hände und FÜSSE.
- Positioniere Deine Zunge am Gaumen und schließe Deine Lippen.
- Halte Deinen Kopf angehoben und fixiere Deine Augen in die Ferne.
- Mach eine stolze, breite Brust.
- Halte Deinen Po tief, unter Deinem Kopf.
- Bewege jeweils den gegenüberliegenden Arm mit dem gegenüberliegenden Bein gemeinsam und krabble vor- oder rückwärts.

Bewergung #4
CROSS-CRAWLS

- Berühre gegenüberliegende Gliedmaßen bzw. führe sie zusammen.
- Du kannst Deine Hand zum gegenüberliegenden Oberschenkel, Ellbogen, Knie, etc. führen.

Mach nicht den Fehler die Bedeutung dieser einfachen Bewegung zu unterschätzen. Diese Bewegung kann der einfachste und effektivste Einstieg in die Stärkung und Wiederherstellung des Nervensystems sein. Diese Bewegung kann dabei unterstützen, das Gehirn neu zu vernetzen, Lernschwierigkeiten zu überwinden und den Körper zu befreien, um sich wieder bewegen und ausdrücken zu können.

Dein
DESIGN

Die Macht hinter Deinem individuellen Design

Die Macht der Erneuerung, die Hoffnung auf Heilung und der Ausdruck von Stärke sind alle in Deinem Nervensystem begründet. Dein ganz individuelles Design, so wie nur Du gemacht bist, beinhaltet die Bewegungsmuster die dazu dienen, Dich stark, fähig und gesund zu halten.

Wenn Du nur einige Minuten jeden Tag damit verbringst wieder zu lernen und Dich zu erinnern wie Du Dich auf genau diese Weise bewegen kannst, wirst Du dadurch an Lebensqualität gewinnen – an Stärke und Gesundheit.

Dein Körper ist unglaublich und wunderbar gemacht. Er ist so konstruiert, um Dein ganzes Leben lang stark und fähig zu sein – und das in jeder Phase Deines Lebens. Alles was Du benötigst um genau dies zu erleben liegt in Dir – in Deinem Nervensystem – und wartet darauf, dass Du es nutzt und in Bewegung setzt. In anderen Worten: Deine Original Strength steckt in Dir. Es ist Deine Bewegung....

Dein täglicher RESET Restoration Plan

FÜR EINEN GESUNDEN UND STARKEN KÖRPER

Dies ist nur einer von vielen Trainingsplänen die Dich dabei unterstützen können, Deinen Körper wieder stärker und widerstandsfähiger zu machen damit Du Dein Leben gesund und stark leben kannst. Wir möchten an dieser Stelle nochmals betonen – dieser Plan ist ganz einfach, aber unterschätze nicht seine Effektivität! Um die besten Ergebnisse zu erzielen, baue mindestens ein Mal täglich folgende Übungen in Dein Training ein:

Diaphragmatische Bauchatmung

Lege Dich für drei Minuten in einer für Dich angenehmen Position auf den Boden – atme durch Deine Nase ein und aus. Lege Deine Zunge an Deinen Gaumen. Achte darauf, die Luft so tief wie möglich in Deinen Bauch zu ziehen. Vielleicht hilft es, Dir vorzustellen Du würdest versuchen die Luft bis unten in Deine Füße zu ziehen.

Warum?

Weil dies der Ursprung ist aus der alle Stärke erwächst. Die diaphragmatische Bauchatmung macht Dich stark und stabil aus dem Inneren und unterstützt Deinen

Körper dabei, im Hormongleichgewicht zu arbeiten. Sie versetzt Dich in den "Frieden-und-Harmonie-Modus" und verhindert, dass Du in den „Kämpfe-Flüchte-Panik-Modus" verfällst.

Head Nods

Lege Dich in Bauchlage auf den Boden und stütze Dich auf Deinen Unterarmen ab. Hebe Deinen Kopf und senke ihn wieder – für 20 Wiederholungen. Bewege Deinen Kopf im größtmöglichen Radius, OHNE dabei SCHMERZEN zu empfinden. Bewege Dich NICHT in den Schmerz! Ach ja, vergiss nicht mit Deinen Augen die Bewegung einzuleiten!

Beweg Dich einfach so, wie es Dein Kopf Dir erlaubt!

Warum?

Weil jeder Muskel Deines Körpers mit den Bewegungen Deines Kopfes verbunden ist. Der Körper ist so gestaltet, dass er den Bewegungen des Kopfes folgt. Die Tatsache, dass Dein Körper sich wieder erinnert wie er Deinen Kopf bewegen soll, wird Dich dabei unterstützen alle reflexiven Verbindungen zwischen Deinem Kopf und dem restlichen Körper zu verbessern und zu schärfen!

Über den Boden rollen

Rolle für drei Minuten über den Boden – so wie es sich gut für Dich anfühlt: Rolle mit dem Unterkörper, mit dem Oberkörper, vorwärts, rückwärts, mache Egg Rolls oder Windshield Wipers (Scheibenwischer). Denke daran: Führe die Bewegung mit Deinen Augen und Deinem Kopf.

Sollte es Dir schwindelig werden, verlangsame Deine Bewegungen oder reduziere den Bewegungsradius. Oder probiere eine andere Form des Rollens.

Warum?

Rollen unterstützt Deinen Gleichgewichtssinn und füttert Dein Gehirn mit wertvollen Informationen, es macht Dein Gehirn gesund. Rollen verbindet außerdem Deine Körpermitte und fügt eine weitere Schicht Kraft auf die Basis, die Du bereits durch die Bauchatmung geschaffen hast. Rollen bereitet Deinen Körper darauf vor, alle weiteren komplexen Bewegungen wie z.B. Laufen oder Rennen zu koordinieren.

Auf allen Vieren vor- und zurück Wippen

Halte Deinen Kopf erhoben, mache eine stolze Brust und bewege für drei Minuten Deinen Po vor und zurück zu Deinen Füßen. Bewege Dich so weit zurück wie Du es kannst, ohne dabei Deine stolze Brust zu verlieren (der Rücken bleibt gerade). Bewege Dich NICHT in den Schmerz. Du kannst Dich bis kurz vor eine Schmerzempfindung bewegen, aber bewege Dich niemals in den Schmerz.

Warum?

Weil diese Wippbewegung alle Gelenke Deines Körpers in einer Bewegung integriert. Es macht Dich ganz und bereitet Deinen Körper darauf vor sich in einer flüssigen Bewegung fortzubewegen – wie in einem Gedicht. Du bist dazu gemacht, Dich schön, flüssig und graziös zu bewegen. Wippen sorgt zudem für eine aufrechte Körperhaltung.

Cross-Crawling

Berühre abwechselnd gegenüberliegende Gliedmaßen (3 Minuten). Sie sollten sich ganz fließend und im Gleichtakt bewegen. Das bedeutet, dass sich Dein rechter Arm gemeinsam mit dem linken Bein bewegen sollte. Atme weiter durch Deine Nase und halte den Mund dabei geschlossen.

Warum?

Weil cross-crawling die Grundform Deines Gangmusters (Laufen) ist. Außerdem kann diese Form der Bewegung Deine beiden Gehirnhälften aktivieren und koordinieren und Deinen gesamten Körper verbinden. Cross-Crawling kann sowohl Deinen Körper als auch Dein Gehirn "ganz" machen.

Steh auf

Versuche für weitere drei Minuten auf unterschiedliche Weise vom Boden aufzustehen und Dich wieder abzulegen. Leg Dich hin und steh auf. Wiederhole dies. Sei kreativ. Wie kannst Du auf unterschiedliche Weise aufstehen?

Warum?

Obwohl dies nicht einer der 5 großen RESETS ist, wird Deine Fähigkeit, unbeschwert vom Boden aufzustehen, Deine Lebenserwartung und Lebensqualität erhöhen.
Wir müssen immer in der Lage sein die Bewegungen unseres Körpers zu kontrollieren und der Schwerkraft mit Leichtigkeit entgegenzuwirken. In dem Moment, in dem die Schwerkraft den Kampf gewinnt, verlieren wir unsere Belastbarkeit.

Das war es schon. Es geht um 15 Minuten sanfte Bewegung, welche es Dir ermöglichen soll Dein Leben aus einer Position der Stärke zu leben: die Fähigkeit, so zu leben und das zu tun was Du möchtest. Es ist so einfach. Es ist nicht besonders schick oder kompliziert, aber es funktioniert.

Der 3 Minuten-RESET

Du hast heute keine 15 Minuten übrig? Hast Du vielleicht 3 Minuten Zeit?

Wenn Du im Stress bist und einfach keine Zeit hast, Dein Tag völlig hektisch verläuft oder Du gerade in einer besonders herausfordernden Situation steckst, probiere diesen 3 Minuten-Reset für Dich aus. Er wird Deinem Körper und Geist gut tun!

1. **Atme tief in Deinen Bauch für eine Minute.**
   Halte inne wo immer Du bist und in welcher Position Du auch gerade sein magst und lege Deine Zunge an Deinen Gaumen. Atme tief durch die Nase in Deinen Bauch ein und aus.

2. **Wippe für eine Minute vor und zurück.**
   Suche Dir einen Platz an dem Du dies tun kannst. Du wirst sehen, es ist die Mühe wert. Komme auf alle Viere, mach eine stolze Brust, halte Deinen Kopf hoch, Deine Zunge am Gaumen, atme weiter tief durch die Nase in Deinen Bauch und wippe vor und zurück.

3. **Cross-Crawls im Stehen für eine Minute.**
   Führe im Stehen den linken Ellbogen (oder Unterarm) mit dem rechten Knie (oder Oberschenkel) zusammen (und andersherum). Wähle eine Variante die sich für Dich gut anfühlt.

Probier es aus und kehre dann zurück in einen weniger stressigen und hektischen Tag.

Du möchtest gern mehr lernen?

Dieses Handout wurde dazu gemacht um einen kurzen Überblick über das Original Strength-System zu verschaffen. Wir haben es erstellt, weil wir wissen dass es jedem Menschen helfen kann. Wenn Du nichts anderes tust als das, was in diesem Handout steht, wirst Du bereits ganz unterschiedliche Veränderungen spüren – Du wirst die Veränderung in Körper und Geist spüren.

Original Strength ist ein Unternehmen, das es sich zur Mission gemacht hat, die Welt zu verändern indem es den Menschen beibringt, sich besser zu bewegen, damit sie ein besseres Leben führen können. Wir tun dies, indem wir Workshops veranstalten, Coaches und Instruktoren ausbilden, Lernmaterialien für PE-Lehrer, Studenten der Physiotherapie und Physiotherapeuten sowie viele andere Berufsbilder der Fitness-, Wellness- und Gesundheitsbranche entwickeln.

Wenn Du mehr über "Pressing RESET and regaining your original strength" wissen möchtest, besuche uns unter **www.originalstrength.net**. Dort findest Du viele Bücher, freie Video-Tutorials und eine komplette Aufstellung all unserer Workshops und OS Certified Professionals in Deiner Nähe.

Möglicherweise möchtest Du Dich an einen OS Certified Professional wenden, der mit Dir ein Original Strength Screen and Assessment (OSSA) durchführen kann – der schnellste und einfachste Weg um Bereiche zu identifizieren, an denen Du arbeiten kannst um aus einer guten Bewegung eine Bessere zu machen. Das OSSA macht es dem Original Strength Pro möglich, Dir den besten Weg zu zeigen um für Deine individuelle Situation den RESET-Knopf zu drücken und Deine Original Strength wieder herzustellen.

Press RESET now and live life better because you were awesomely and wonderfully made to accomplish amazing things.

For more information:

Original Strength Systems, LLC
101 South Main Street
Suite 221
Fuquay-Varina, NC 27526

919.299.1774

"... I am fearfully and wonderfully made..."
Psalm 139:14

www.ingramcontent.com/pod-product-compliance
Lightning Source LLC
Chambersburg PA
CBHW052045070526
44584CB00018B/2621